Deichgedichte

ZWISCHEN DEN GEZEITEN

KERSTIN SEIDEL

LETZTE SOMMERTAGE

Der Wind schärft die Umrisse
der Verliebten, die ihre Kleider
ablegen am Ufer des Flusses
suchen Wasservögel Schutz im
Ried
und die Blütenblätter baden im
Dunkeln bleibt die Zeit stehen
im Rufen der Wildgänse wartet
der Herbst auf ein Haus mit Boot
und Steg mit Spinnweben
und silbernen Straßen
verborgen
im Tal, wo die Schatten länger
werden

ZUHAUSE

Es ist ein Ankommen
nach weiter Reise

irgendwie leise ein Wissen,
das möcht ich nie mehr missen
in meinem Leben ist es das,
was bleibt, was sich reibt
zur Wärme drängt einander
kennt, jede Pore, jede Stelle,
jede Flut aus jeder Welle und
dennoch Ufer ist und Fels und
trotzdem Haut uns gibt und Pelz

INMITTEN

Wie wir zwei umkreisen
mit Kreide das Grün der Gärten
dies Paradies ist unser
zuhause inmitten der Stadt
ertastend den Fluss dessen
Atem

noch sonnig und süß wie wir
naschen an stiller Fassade
selbst bloß Silhouetten
bebildert mit Freude und Farben
die leuchten hinüber zur Straße
dahinter der Deich, das Dunkel
des Dickichts, das uns tarnt
vor Laternen, denn wir eilen
zu zweit im Schein
uns voraus

IN UNS

Die Nacht ist neu und jede
Farbe schweigt,
still Herz, schlag nicht
bis der Morgen steigt
ein Flimmern dort
als woge da ein See

sacht wehen Düfte
wie ein fernes Weh.
Ich will uns bergen
dass uns nichts verrät
dass nur der Mond
in unserem Fenster steht
dass nur der Regen
an unserer Tür zerrinnt
und wir in uns
ganz sicher sind

AM ABEND

liegen die Wolken übereinander
geschichtet wie Schiefer
vom endlos schweifenden
Horizont kann ich mich lösen
lautlos über hellen Himmel
tippeln und zeitverrutscht

den anderen Rand erreichen,
schwarzgerafft schimmert
das Ufer wie schön der Fluss
bleibt wo er ist und lauscht,
entschwundene Stimmen
rufen die Nacht nach Hause

RÜCKENWIND

Wir hatten Tempo-
Taschentücher und feste Schuhe
und
den längeren Atem, zum
Rauchen
gab es Gras und Gauloises -
sagt mal ihr kennt doch noch
das Bild
das Andere? Wir hatten
Autonomie und Auftrieb,
Launen so viel hatten wir,

dass wir es aufgaben zu zählen
geschätzte hunderttausend
Hundetapser
zum Strandbad am Baggersee
 erinnerte nackte Schöne
kamen uns entgegen im
Tagebuch
unsere Wünsche waren
grenzenlos,
denn gerade passierte
Rückenwind

SOMMERNACHMITTAG

Geblümtes Kleid, dann
wie Perlschnüre weiße
Riemchensandalen
an gebräunten Füßen und
kirschrote Lippen

küssen den Geschmack von
Erdbeeren
in Eis auf der Zunge zergehen
Versprechen wie Vanilleeis
schmeckt der Tag süßer die
Liebe
neu am Nachmittag die Sonne
zeichnet weiße Linien in die
Laken
das Lächeln des Mannes
Leichtigkeit genießen
 seinen Herzschlag spüren diese
hautnahe Hitze,
 scharfer Schweiß, dann
Bauch an Bauch die
Berührungen
bleiben blickdicht
die Jalousien geschlossen
dahinter
offene Liebe bei vollem
Bewusstsein

SOMMERFRAU

Diese grüne Frau
blüht im Gras ihrer Gedanken
liegen Wolken und träumen
ins Blau mit Luftfäden lässt sie
Steine fliegen ohne Ziel
ist sie pur Lindenlaub
ein Staubkorn im Auge das
sieht mit geschlossenem Lid
mein und dein ist ein Schild
aus Schatten es verblasst

MONDMORGEN

Hallo du, halbierter
Himmelskörper

du Perlensplitter, sonnenseitig,
weitig, mittig angefacht hell und
heiter,
weltab ein Klickerstein flippst du
klarend über's Firmament,
Fadenöse
du silbern Schimmer, Sternseide
am Saum vergangener Nacht
hab ich die Stille ausgemessen
und ein Mondkleid mir gemacht

IM TONTEICHBAD

Bauch an Bauch am Beckenrand
und Bäume um den See, die ihre
Blätter wie altes Wissen
abwerfen
zu früh in diesem Jahr die Erde
dreht sich schneller, nimmt uns
mit
und stündlich peilen wir

den Stand der Sonne überm
großen Sprungturm ein lauer
Wind weht
Pappbecher hinter Handtüchern
schlottern Kinder unter den
Flügeln
fürsorglicher Frauen der Wind
kräuselt das warme Feucht den
Muschelton im Ohr gleite ich
mit geschlossenen Augen
unter die Wölbung des Wassers

MITTAG AM SEE

Sonnenzenit, Stillstand
jeder Bewegung
nur Libellen kreuseln hier
und dort in summenden Linien
das Wasser und landen
schließlich
auf kühlendem Stein und öffnen

und schließen schimmernde
Flügel
blau wie der See und die Buchen
und Weiden bleiben schattenlos
gebannt in glühender Hitze die
Seele
atmet nach innen, klein, allein
und Stille ringsum wie
verstummte Zeit in
geräuschlosem Raum als ob
alles Lebende staunt in
erleuchtetem Warten
auf die Kühle der Nacht

MEIN SCHATZ

Eine Nachtundnebelaktion
am Ufer des Deiches stehend

gleitest du in den Schlaf
geboren in meinem Herzen
bleiben wir unzertrennlich
im Tanz der Überallwesen bei
Sonnenaufgang am Ufer entlang
ein viel zu früher Gesang der
Möwen
aber wir sind leise
schon vor dem Erwachen weißt
du
wer du bist

IN DEINEM ARM

Die Landschaft ein Singsang aus
Sehnsucht und

Sonnenblumen unterlegt mit
dem Schimmern der Sterne
nachtblau
die Stunde später
stand die Stille als dunkler
Deich,
die Nacht trieb
Mondlicht im Wasser verschilfte
das Ufer zu Rohren und
ich schlief im Garten auf
betrunkenem Boden
morgennass wie ein
neugeborenes Noch
mehr zeigte mir der Wind
Zuversicht und strich mir
Sonnenschein
vom Nacken
als ich aufwachte
in deinem Arm

SINNLICH

Gedämpftes Gestern
bis der Tag
sich aus dem Morgen schält
verhüllt, Nebel vor dem Deich
bedeckte Farben, wolkenstufen
Treppen zur Erde und höher
himmelwärts, grenzenlos
stützen den eigenen Horizont
erweitern bis zum wilden Flug
der Gänse, über Baumwipfel
hinaus
in's Ungewisse bis der Körper
sich entsinnt

GEILES GIFT

Komm verweile an
meinem Rosentor
so zart reck ich
meine Blüte dir empor

Tanz mit mir den Reigen
sollst du zärtlich mich erwecken
will dir meinen Nektar zeigen
lass dich fühlen, vielleicht
schmecken

Öffne mich ganz leise

sei behutsam und gib acht
diese wundervollste Weise
hat schon Manchen geil
gemacht

JANUS

Er gibt sich eine zweite Haut
die erste war zu eng geworden
unter
der Brust schlagen jetzt zwei
Herzen
dumdetekdetek Taktik
gegenüber
Taktlosigkeit mal wieder
überspielt
mit Mehrdeutigkeiten es könnte
nur
ein lauter Ton sein oder ein
Schrei

oder aber ein Ruf nach mehr,
alles möglich
dance away - dream on
diesmal mittels
seiner über viele Seiten
verstreuten Versprechen
aber als er die Bilder abhängt
bleiben
weiße Flecken im Gedächtnis
so expressiv wie purpurne
Mottenflügel und türkise
Tentakel
helle, haltlose Hirngespinste wie
die Vergangenheit,
zuhause ist immer wo anders
und für ihn längst nicht mehr am
Ort
fest zu machen nach Hause
wieder nach Hause Klarheit
gewinnen

so leicht ganz so leicht ist es
nicht und manches gewinnt
Kontur
erst im Moment der
Metamorphose

ZUHAUSE

Es gibt einen Fluss
neben unserem Haus,
in dem sich Wolken spiegeln
und ein Bett überzogen
mit Blumen, wo mein Mann
die Augen schließt und
die Arme ausstreckt bis weit
über den Rand es gibt
einen kleinen Schuppen ohne
Tür,

der windschief den Himmel
trägt,
es gibt Gras und Bäume und
Wellen in Pfützen am Deich
gibt es einen Ort,
an dem es mich gibt

FRÜHLINGSGEFÜHLE

Wärmer vor Verwunderung
werfen Bäume die Wipfel
zum Blau träumt der Horizont
wolkenlos steht das Licht
still unter dem Himmel -
unsere Tage so drum und
dran und ganz und gar

VERGÄNGLICH

ist das Gefühlte,
dennoch ist es gefühlt:
Leichter wird das Bemühte
der Verstand kühlt
Immer: Es bleibt die Schwingung
im Ton, die Melodie klingt
weiter geht das Singen
die Liebe gelingt
Verschwindend ist das Vertraute
dennoch ist es vertraut :
Leiser werden die Laute,
das Haar ergraut

WACHSEN LASSEN

Dem Gras lauschen
den Scherben entsprungen

Bäume streicheln zurück
in der Zeit den Schirm
in den Regen geworfen
blüht wieder alle Herzen
sind sicher die Wurzeln
fest in die Erde geschickt

DIALOG VOM WERDEN

Die Sonne scheint warm
mein Herz häutet sich,
sagt er,
leise, kein Laut mehr hier
und sie sagt du,
wir sind allein, ich bin
ohne die, ohne alles und
der Wind geht am Strand,
und der Regen kommt,
sagt sie,

vielleicht werden wir nass,
und er lacht und raucht und
sagt, Liebste fühl
den Frühling dahinter

VALENCIA 1

Mandarinenfarbene Mauern
spätes Barock das Hotel ein
Palast
der Portier professionell
spricht Gottseidank
Englisch inmitten der Altstadt
diese Goldgrube, Stuck und
Starre
wir sind gerngesehene Gäste
in der Bar auch andere
an Tischen Paare stumm
da am Himmel,

der allein draußen bleibt
rufen Glocken nach
Auferstehung,
Osterwunder

VALENCIA 2

Sonnensüchtig blinzelnd
beinah geblendet vom Gold
als hätte ich jetzt zum ersten
Mal
ihre Wärme gespürt taut
meine Haut errötet unter dem
Blick
südlicher Sonne die Fältchen
die sich in den Augenwinkeln
einnisten

werden Fakten aber dieser
Frühling
hat erst begonnen

SQUAREHEAD

Er kommt dann, wenn ich
auf dem Bauch liege und träume
Gesicht im Kissen und warte
bis die Maus im Kopf den Faden
abbeißt und husch, husch
ihr Loch verlässt, dann erkunden
meine Macken ihr Gehege und
Marilyn Monroe kommt mich
besuchen
und ihr Rock fliegt hoch, hui, hui
und die Grinsekatze ohne Alice
wundert sich über Charlie
Chaplin

mit seinem Stöckchen schlägt er
Wellen und John Belushi nimmt
mir die Beichte ab und zu, sagt
er
bist du zeitlos, aber nur solange
du den Kopf im Karton lässt

KALTER KAFFEE

Von innen bin ich
schneeerfüllt und müd
noch von der letzten Dunkelheit
verschlafen nippe ich am Leben
bade meine Lippen am Ufer
dieser Tasse , muss Lächeln,
bin ein heller Ton in neuem Licht
sing Lieder ich aus Zuckerkorn
und lauer Brühe, mein Kaffee
ist schon wieder kalt

FRÜHLINGSFROH

Von den Dächern tropft
frühlingsfroh
die Übergangskantate
von der Eisfassade mit
leichtem Schwips
in rosa Schlips
und Frühlingslook
der Grade geklettert
über Null
demnächst der Fluss
ein Pool
in pink und
üppiger Genuss
mit Rokokogehabe, cool
weiter so der März malt bizarre

Düfte in die Luft
und Winterstarre endet
endlich Frühling

CRASH

Sie spielt hier
die Füße fest in Farben atmet
Zinober und Zitronat da
droht Oase, wächst der Wald
summt samtverschnürt und
sprengt sein enges Mieder
blatternd pocht der Baum
und schmiedet grün mal wieder
Frühlingsschmuck, da guck
unentwegt kollidieren Zeiten
und
sind doch eins in eins in uns
gelegt

FRÜHLINGSFRAU

Mein Herz schläft im Schneebett
in der Kälte
eines besonderen Winters
bedecken es Flocken,
die vom Himmel fallen
Worte, die unausgesprochen
bleiben -
vielleicht taut der Frühling
meinen Mund
und aus meinem Bett
wächst ein Boskopbaum bricht
betoniertes Schweigen
allmählich
koche ich Kaffee,
der aufwecken will und

mache Musik mit der
Mikrowelle,
pling mein Menü
wird mutiger

FREIER FALL

Hosianna, Börsianer
verdoppeln ihre Pfründe,
Sünde in der Hölle
herrscht Hochbetrieb
der Anfang vom Abgang
die Stunde der Hunde bellen
und
beißen, wie mein Pudel, ein
tolldreistes Rudel von
Schwätzern
von Hetzern, das schießt ganz
laut

ins Kraut fallen vom Himmel wie
die Schuppen von den Augen
alle
Vergleiche hinken, alle
Hoffnungen sinken in freiem Fall
Mit gebrochenen Stimmen
beschwören sie gutartige
Wörter
bereit, stets bereit erst am
Abend
kehren Sie heim in winzige
Winkel
ihrer Herzen öffnen die Tür
zur Puppenstube warten,
warten
auf Tapetenwechsel an der
Wand
zittern die Bilder und fallen
endlich aus ihren Rahmen

GOTT DER KLEINEN DINGE

Die Zeit des Versuchens ist
vorbei
jetzt beten wir
zu uns selbst um Gnade
im kleinen Kreis
ziehen wir Schlüsse,
kleben das Anfänger-A
auf unsere Stirn und reden
in eigener Sache,
wer hat in meiner Haut gelebt
und fordert Vergebung ?
Keine großen Reden wollen wir
sondern kleine Taten, die
bleiben

WINTERSONNTAG

Auf der Fensterbank
schminken Orchideen sich
die Blüten ab und suchen das
Ende
des Winters ist in Sicht vergilbt
hinter Glas glitzert Schnee
endlos ziehen kahle Bäume
aus dem schwankenden Wald
über den Deich und drohen
mit Knopsen, die suchen
das Ende der Warteschlange
in jedem Zimmer hängen
unsere Bilder bunt ohne
Rahmen
wie Blumen in Vasen duftend in
das Hemd auf dem
Wäscheständer
wächst du hinein überkopf
mit erhobenen Händen
kämmt der Regen

dem Himmel die Flausen
aus dem Kopf, aber unser
Haus hält dicht

MEIN GRÜNES KLEID

aus dem Abend
ziehen auf die Nebel,
die über dem Deich schweben
das Licht löst
bis ins Mark die Wahrheit,
was mir Glaube nicht setzt aber
mein grünes Kleid
das Sprünge im Spiegel glatt
reibt
sich an meine Haut schmiegt
und zahm grün meint
wenn es grün weiß

FRAGIL

Die unsichtbaren Linien
mäandern
im Kopf, der versinkt
in Gedanken schlagen Schneisen
- gegen, - zueinander
geschuppte Verläufe
weben Wunden in Hauttönen
zum Stumpf amputiert das Auge
tastet
über die Ränder fühle die
Tränen
wie zerbrechlich der Glaskörper

VERSINKEN

Wir scheuern unsere Herzen
wund
an rauher Rinde und schütten
Bier
und Cola in unsre Köpfe, bauen
Nester
uns in Nischen nackter Beine
spielen Free Jazz unterm Rock
und warnen
vor Verehrung bis wir mit
wirrem Wissen
und halb enthüllt unsere Schreie
werfen
in den angeschmutzten Fluss
und ganz
in ihm versinken, ganz in ihm
versinken

STILL

Pssst! Still drinnen alle Stimmen
sei meine Wallnussschale auf
dem Meer
treiben wir fort
in warme Wasser wiegen mich
als Venuswelle weicher Körper
die Nacht verlangt nach mehr,
nach Einlass in die harte Schale,
psst
mach die Stimmen drinnen still
such mich, treib an mein Ufer,
denn es ist willenlos und dient
als Bett der Nacht deckt
Dunkelheit die Welt noch
trunken
vom Wein der Wunder -

löschst du mir Falten aus der
Stirn
und legst mein Herz in zarte
Hülle

REGENBLUES

Verstellt ist die Sicht auf
nasses Pflaster dort leere
Dosen von Schulkindern
in Pfützen gekickt langsam
untergehen im Rauschen
der Stadt, ein Corpus
der symmetrisch schwingt
überzieht dein Ohr mit Samt
weich wie das Hohl deiner Hand
und doch bleibt da und dort
Rauhes, das nach Rundung ruft
durch den Regen sticht ein Licht

ins Dunkel, ein wirklich alter
Stern
kristallisiert zwischen Zweigen,
wenn wir nur den Vorhang
zerreißen
wenn wir nur tiefer blicken und
weiter

SONNTAGSSKIZZE

Weiße Leinwand
und ein Pinsel
aus weichem Haar

hält meine Hand
ich vermesse
mit ausgestrecktem Blick
wie weit mein Auge Schritt hält
mit den Worten
die wiegen nichts
auf und ich zähle
sieben Berge und
Täler zwischen den Punkten
plötzlich ein Bild

DER WINTER

hängt an nichts
als der Schar Flocken
in die Luft geworfen
und niedergesunken
auf die nächste Kurve
A25, verkrümmter Winkel

wo in den Spurrillen
schimmernde Sätze stehen aber
ich, was will ich singen hier?
Der Schnee schmiegt sich
mir um die Beine
öffnet sich, schließt sich
schmilzt schamlos
und das ist alles genug

RAUHFASER

In fremdem Raum
wohnt möbliertes Ich
wachse wie Wolken
schnell stell die Sätze
vor die Tür denn
zwischen den Zeilen
liegt noch Schnee, wenn du
hier einziehst

schreib deinen Namen
auf das Schild neben
der Klingel bitte deutlich
SONNTAGSSKIZZE

Weiße Leinwand
und ein Pinsel
aus weichem Haar
hält meine Hand
ich vermesse
mit ausgestrecktem Blick
wie weit mein Auge Schritt hält
mit den Worten
die wiegen nichts
auf und ich zähle
sieben Berge und
Täler zwischen den Punkten
plötzlich ein Bild

NIMM

Nehmen Sie doch
eine Auszeit gleich
dort drüben neben
der Spur vor der Apotheke,
vor die das Pferd kotzt
oder sie nehmen ein
Wechselbad
der Gefühle heute ein Star,
den Morgen keiner rausholt.

Schreiben Sie,
malen Sie,
lesen Sie etwa?

Schon gut, schon gut
ich fick mir ins Knie, wenn
Sie das wollen wird das Kind
sich schon schaukeln bevor
es in den Brunnen fällt

Gehen Sie ruhig
über die Schmerzgrenze
und falls Sie vielleicht doch
eine Marktlücke entdecken
spring ich hinein

und spinne
für Sie Scheiße zu Gold

STILLE NACHT

Wir sind schließlich raus
aus dem Alter
keine Holzwege
kein zu Kreuzekriechen mehr
Schweiß und Tränen,
längst vertagt auf später
die Bedeutung des Klopfen
an der Wand, Schattenwelt

glaziales Glühen zumal ebenso
wie das Zertreten der Zigarette
ein Akt der Hilflosigkeit
die grassgrelle Nacht der Stadt
in Lichterketten gefangen
diese Stille vor dem Sturm

ABFAHRT

Neuallermöhe-West,
die verblockten Häuserfronten
im Krieg, die Türen vernagelt
die Kinder auf der Flucht
vor der Welt bis zum Bahnhof
nach Hamburg ganztags
arbeiten
gehen die Mütter mit
Vanilleduft,

in schwarzer Strumpfhose
blickdicht
wie die Nacht aus Granulat,
das knirscht zwischen
zusammen gebissenen Zähnen
das Lachen der Männer
über gefallene Biografien bis
zur nächsten Polizeikontrolle
halten sie zusammen

AUFBRUCH

Ich packe all meinen Mut
zusammen und das Nötigste
und mache Listen
was ich noch erleben muss
dann gehe ich zum Bahnhof
vergewissere mich
dass die Züge noch fahren und
beobachte alle, die tatsächlich

wegfahren ich suche
nach bekannten Ankunftsorten
und wenn ich zurück komme,
weiß ich nicht wo ich hin wollte

WEIHNACHTSMARKT

Im Schatten der Betrunkenen
auf den Straßen eisiger
Abend mit dem Glitzern
im Auge, die Mammonjäger
eilige Schritte im Takt
aus dem Lautsprecher tönt,
„Last Christmas" zaubert
Lächeln, Massenmimik
im Getümmel das Klingeln
der Kassen erbeutete Trophäen,
neben dem Karussell steht
die Sprachlosigkeit der Väter,

ihre Speere sind sternförmig
ein Surren von Sehnsucht
ist über dem Markt fallen
die Feinde ein, Mütter
kaufen sich glücklich

HERBST 4

Wie eine Schnecke
nackt und unbehaust
den Regen sehnt

als würden salzig
Spuren bleiben
im Kopf im Bauch und
weit und breit
als gäbe Herbst
mir das Gefühl
im Feld liegt
letztgeerntet Mais
und wartet wo ich sehne
und doch weiß
dass Sehnsucht
keinen braucht
als mich

HERBST 3

Unter meinen Füßen
liegt reglos, regennass
das müde Pflaster

wag ich nicht anzusprechen
und gehe auf Zehenspitzen
zum Zaun doch die Steine
im Gras knurren wie alte Hunde
den Himmel an, schau
grau die Wolken welken,
ein Blatt überholt mich,
es blutet rot auf den Weg,
ich breche mein Wort in Krümel
verfüttere es an die Raben -
mal wieder viel zu feige, mich
von der Parkbank zu stürzen.

HERBST 2

Draussen
fallen die Blätter
vom Baum,
drinnen falle ich
aus meiner Rolle,
habe aufgehört
mich dem Leben
entgegen zu stellen
und schreibe mir
Liebesgedichte per Lustpost
ohne rot zu werden
verzichte ich lächelnd
auf das halbe dutzend
Schnappschüsse
am Ende eines
neu gemalten Sommers

HERBST 1

Im Abschied
tritt der Sommer
hinter diese Tage
an denen
es besser ist
sich in Schafspelz zu hüllen,
sich Wölfe
vom Hals zu halten.

Nur noch
hin und wieder
die kleinere Hand
ausstrecken und
ein Lächeln riskieren,
wenn der Wind
sich dreht.

WEISS

Mein Lächeln ist spät dran
dazu hängen kümmerlich
blasse Lampions im Tag
aber heute Abend
gibts keine Tränen mehr
kein schlecht genähter Knopf
fällt von deinem Hemd
deine Hand vorm Mund niesend
spürst du ein leises Kribbeln
gerade zündet jemand eine
Wunderkerze
hinter deinen nackten Schultern

mit Farben und Hoffnung und
Bildern
und Worten wir wollen wieder
etwas
wie vor Monaten etwas
Zeitzersetzendes
bitte
kann man denn gar nicht still
hinter geschlossenen Lidern
zurück
und ich weiß

Herstellung und Verlag:
BoD - Books on Demand, Norderstedt
ISBN 978-3-7528-7338-2